Przyzwyczajać się do odlotu

ALICJA RYBAŁKO

Przyzwyczajać się do odlotu

Münster 2015

Zdjęcie na okładce: Frank Brunsmann

© 2015 Alicja Rybałko

Herstellung und Verlag:

BoD – Books on Demand, Norderstedt

ISBN 978-3-7347-9434-6

Przyzwyczajać się do odlotu

Przyzwyczajać się do odlotu.
Nie kupować krzeseł,
ani zbyt głębokich foteli.
Nie pokochać aby wszystkiego.
Jeżeli obejmować, to nie na zawsze.
Niechaj ramiona pozostają puste.
Tylko ten niewidzialny ciężar
twojej piersi.

1998

Piosenka o nocnej podróży

Noc jedzie ze mną godzinami,
noc patrzy na mnie jak aksamit,
daleką łuną miasta wabi.
Paciorki świateł rozsypane
wzdłuż drogi są jak sól na ranę.
A my jesteśmy ludzie słabi.

Noc załamuje czarne ręce:
ja chyba dnia nie ujrzę więcej!
Gwiezdna samotność jej doskwiera.
Droga się dłuży, radio gada,
noc - mnie, ja nocy się spowiadam
i czarna głębia się otwiera.

Noc biegnie za mną - czarny anioł,
powiewa suknią podkasaną,
trenem zamiata autostradę.
Patrz, Wielki Wóz na Wschód wyruszył,
północne światło mojej duszy
pod jego lewe koło kładę.

1998

Do Wilna

miasto na miejscu Miasta
noszące to samo imię
dzisiejsze
lśniące nowością
świecące załatanym murem

wydmuszko z cementu i cegły
ptaku wypchany a żywy
smrodek twego czasu dawno się ulotnił

kłaniajcie się narody
teraz ja tu mieszkam

2001

Umieram z tego

Umieram z tego domu.
Umieram z tego pokoju.
Umieram spod tej kołdry.

Demonstruję znajomym,
jak się powoli
wymiera z ubrania.

Oto moja żona.
Za trzy tygodnie -
moja wdowa.

Oto mój syn,
niedługo wspominający
ojca.

Jeszcze dotykam delikatnie
ramienia córki:
jakie jest żywe.

Zachód słońca
przestaje być bezmyślny.

Każda noc
siada mi na piersi
całym ciężarem
wieczności.

2002

Bóg wchodzi do swego domu

Parafii St. Gottfrieda

Bóg wchodzi do swego domu
i dziwi się pustkom na ścianach:
ani aktów strzelistych, ani rozmodlenia.
Godzinki zapomniane, wisi tylko zegar.
Pod nogami szeleszczą przywiędłe pacierze.
Tylko się ławki rozsiadły wygodnie
na poduszkach koniecznych – bez nich nie ma domu.
Zieleń modlitewników udaje nadzieję.

Bóg wychodzi ze swego.
Bóg wychodzi z domu powoli,
zamykając za sobą bezszelestne drzwi.

Bawcie się tu sami.
Bawcie się beze mnie.

2002

Macierzyństwo

Życie dostaliście od Boga.
Narodziny załatwili lekarze.
Kształt głowy, nosa, paznokci
powstał z kombinacji genetycznej,
do której – przysięgam – nie przyłożyłam ręki.
Czym jestem? Pustą konchą,
na której wiatr gwiżdże baby-bluesa?
Opakowaniem dla nowego życia?
Opakowaniem jednorazowym?

29.12.2002

Krótko

Piszę wiersz,
a one wołają jeść.
Dlatego piszę takie krótkie wiersze.

2003

Odkąd jestem matką

Kobieta z telewizora
szuka w ruinach
dziecka.

Siedzę w wygodnym fotelu
i rozumiem ją
trzy razy lepiej niż przedtem.

Facet w garniturze
na luzie bez krawata
rozprawia o korzyściach
wojny.

Boli mnie każde jego słowo.

2003

Nie potrafię wyrzucić ubrania

Nie potrafię wyrzucić ubrania po sobie,
umarłej
cztery lata temu.
Dano mi nowe życie,
a stare odeszło nie całkiem.
Składam się z nowych rzeczy.
Stare rzeczy składają się ze mnie.
Nie potrafię ułożyć oczu po kolei,
ani swoich rąk,
tak jak było dawniej.
Zaglądam w studnię
napisaną przed laty.
Dziwi mnie, że nie wyschła.

2003

Wszystkich Świętych

Siedzimy w kościele -
siwe pomarszczone liście -
tylko ksiądz pali się cicho jak świeca

Przywiało nas tu pierwszym listopadowym wiatrem.
Trzęsiemy się, drżymy,
szeleścimy pacierze,
wysłuchujemy Dobrej Nowiny.

Modlitwa nas nie ima.

2003

Anonimowość

Zachowuję anonimowość.
Moje ubranie mówi za mnie:
jestem nikim
ważnym,
za kim
warto się obejrzeć.

2004

Wśród rzeczy niewielu mam przyjaciół

Wśród rzeczy
niewielu mam przyjaciół.
Większość z nich to moi osobiści wrogowie.
Kilka – to obojętni,
których mija się, nie podnosząc wzroku.
Mają mi służyć,
a dzieje się dokładnie na odwrót.

Czerwony grubas
odkurzacz
jaśnieje z radości.
To przyjaciel, a nawet powiernik.
Pozwalam mu przejechać się po dywanie.

Sprytne są rzeczy, oj sprytne.
Bronią ich jest bezradność
wobec kurzu, plam, moli, domowników,
mnie samej.

Pomogę wam, pomogę.
Tak bezmyślnie, jak tylko potrafię.

2005

Ślady

Dzieci są po to, żeby zostawiać ślady.
Brudnej łapki na szybie,
botków na świeżo umytej podłodze,
pisaka na oparciu fotela.
Porozrzucane zabawki,
porozlewane mleko,
kolorowe ścinki i guma
do żucia, przylepiona pod krzesłem.

Ślady, wszędzie ślady.

Na wyścigi z życiem, z dorosłymi.

2006

A gdyby tak

A gdyby tak ani jednej zabawki na podłodze -
aż mróz przechodzi po skórze.

2007

Zadawanie pytań

Mieszka we mnie kilka małych dziewczynek,
zbyt poważnych jak na swój wiek,
wielkookich, milczących,
zadających pytania tylko sobie samym.
Rzadko innym – bo i tak nikt nie znałby odpowiedzi.

Mieszka we mnie kilka nastolatek,
nieśmiałych aż po nasadę
słabych, przetłuszczonych włosów.
Zadających pytania tylko sobie samym.
Rzadko innym – żeby się nie wygłupić.

Mieszka we mnie również jedna pani,
ani milcząca, ani zanadto nieśmiała.
Potrafiłaby odpowiedzieć chyba na każde pytanie.
Ale zbyt bawi ją ich zadawanie.
Więc je zadaje, zadaje
jak ciosy.
To za was, moje małe, to za was.

2006

Romowa z mamą Kevinka

Bo język polski jest jak smok siedmiogłowy,
proszę pani.
Po co komu smok w dobie niebywałego postępu?
Jak poprawnie: kaszlą czy kaszlają?
Moje dziecko mówi świetnie po polsku.
To iluzja, droga pani, eine Illusion.
Dokładnie.
Genau.
Słowa idą jak owce na rzeź,
padają ofiarą.
Najdalej za kilka lat padnie ostatni bastion.
Nie ma litości dla słabych.
Nie ma litości dla smoków.

2006

Coraz bardziej boję się śmierci

Wybacz, Panie, że coraz bardziej boję się śmierci.
Bo przecież próbowałeś mnie z nią oswoić,
pokazywałeś nieraz
na kolorowych obrazkach
ekranów,
gdzie aż się roi od życia.
Palcem ją pokazałeś
na twarzach najbliższych, przyjaciół.
Pozwoliłeś jej nawet dotknąć
w zakamarkach używanej odzieży
i w obumarłym moim własnym naskórku.
Ale nie pozwól,
żeby mnie dotykała
za często.
Kulę się pod tym dotykiem,
kuleję, upadam.
Nie załamuj się,
mówisz,
nie opuszczaj rąk.
Mamroczę:
a Ty nie upuszczaj mnie.

2007

Zakręcenie

Zanim znalazłam swój wir,
porządnie się wynudziłam.
Kręci mnie.
Jestem zakręcona.
Mechaniczna zabawka z kluczykiem.
Przestać, żeby pomyśleć –
to nie dla mnie.

I dopiero przypadkowe popołudnie
w słonecznej kawiarni.
Ciepły oddech kawy.
Stłumiony turkot rozmowy
achjakipieknydzień.

Mechaniczna zabawka przystaje.
Bawię się kluczykiem.
Wkładam do torebki.
Żeby broń Boże nie zgubić.

2007

Na śmierć fotela

Zapomnijmy na chwilę o życiu.
Powietrze jest pełne śmierci.
Wiosenniejące stawy oddychają mordem.
Rzeź trwa na każdym skrawku gleby
i w każdej kropli krwi.
Silniejsi zwyciężają – to nasi.
Słabi muszą odejść.
Wypłowiały fotel wzdycha na śmietniku.
Też chciałby jeszcze pożyć,
obejmować młode i jędrne pośladki,
poskrzypując z bezsilnej rozkoszy.

2007

Kiedy kupię sobie samochód

Kiedy kupię sobie samochód,
przestanę być młoda,
biedna i naiwna.
Przestanę chodzić
własnymi ścieżkami.
Za to szybciej osiągnę cel.
O godzinę, o kwadrans, o trzy minuty.
Dziś i to się liczy.
A wiersz zapiszę na kierownicy,
zamiast na kolanie.

2007

Nowa definicja ojczyzny

Pytasz gdzie moja ojczyzna:
Litwa, Polska czy Niemcy?
Tam ojczyzna, powiadam,
gdzie boli najwięcej.

24.12.2007

Jestem olbrzymim pająkiem

co wieczór
jestem olbrzymim pajakiem
w Sieci

za sto lat ten wiersz nie będzie miał sensu

2008

Przed zaśnięciem

Tuż przed zaśnięciem
zaczynam się rozkładać.
Skóra wrasta w materac,
mięśnie rozpływają się w wodnistej mazi,
kości kruszeją,
włosy jak nitki pajęczyny
snują się na poduszce,
szare i trochę lepkie.

Przestałam pytać: dlaczego.

Jeszcze tylko ten wiersz pulsuje w skroni.

2008

Martwe wiersze

Martwe wiersze
pochowane w tomikach
jak w trumienkach.
Obnoszone z pompą
na spotkaniach literackich
święte relikwie poetów.

Niedojrzałe niemowy
z niedowagą,
niezdolne do życia
poza macicą długopisu.

Jeżeli spłodzisz przypadkiem
wiersz –
opukaj go,
osłuchaj
i wypuść na wolność.

Niech leci, jeśli potrafi.

2008

Wyglądam na taką co wie

Wyglądam na taką,
co wie.
Czasem nawet sama myślę,
że wiem.
Za kilka lat wzruszę ramionami:
co ja tam wiedziałam.

2007-2008

Westchnienie do Matki Boskiej, kobiety

Matko Boska, czy miewałaś kłopoty
z hormonami?
Z nagłą zmianą nastrojów,
depresją,
wybuchami zmarszczek?
Czy upadałaś pod krzyżem
własnej kobiecości?

W Ewangelii o tym ani słowa.

Kto by się przejmował
starzejącymi kobietami,
gdy chodzi o zbawienie ludzkości.

2008

Wiersz o kobiecości

Nasmakowałam się życia kobiecego,
nakosztowałam kobiecego ciała,
jego uroków i jego przypadłości.

A co się naprzestawiałam
garnków na płycie kuchennej
i słów w kobiecym wierszu.

Im dalej tym bardziej istotne okazują się plamy,
zmarszczki, zepsuta pralka
i kurz w widocznym miejscu.

2008

Wiersz do praprababki

Przyszła pani małżonka
powinna być płodna,
skrzętna, pracowita,
cicha jak mysz pod miotłą,
nie umierać w połogu za każdym razem.
Broń Boże uczona:
sztuka liczenia przyda się jej najwyżej w spiżarni.
Modlitewnik dostanie od parady,
zdrowaśki i litanie i tak będzie znała pamięć.

2008

Dziecko z głębi wieków

Dziecko
zaczerpnięte z głębi wieków
ma smutne oczy.
Tyle widziało.
Tyle niedobrych rzeczy:
pożary, gwałty, rozboje.
Rzadko zdarzały mu się
zabawki,
zgrzyt łyżew po lśniącym lodzie.
Rzadko matczyne ręce
ubierały je do ślubu.
Już częściej do trumienki
pod przekrzywionym krzyżem.

2009

Produkt

Jestem produktem
podlasko-białoruskim,
Z wileńskim akcentem.
Czy moi przodkowie mówili po litewsku?
A Boh jaho wiedaje.

2009

Macierz

Obiegamy Polskę jak psy.
To od wschodu,
to od zachodu.
Przyglądamy się jej przez lunetę z północy,
zerkamy z południa,
ponad ramieniem gór.

To taka, to owaka.
Raz - uboga, a raz – całkiem zasobna.
Raz niemądra, a raz – dowcipna do łez.
Łakomy kąsek, obwarzanek,
pusty w środku.
Ojczyzna, Macierz.
Nasz ty wyjątku
rodzaju żeńskiego,
przez „rz" pisany.

2009

Polacy na Wschodzie

Zatykają nami dziury
w święta narodowe,
w Zaduszki i Kaziuki.
Na Wielkanoc rzadko,
choć pasujemy do zmartwychwstania
jak ulał.

Piszemy, wydajemy książki
i nawet je czytamy.
Choć nie powinniśmy –
po tylu bezpolskich latach.

Co za kuriozum.
Prosto do muzeum osobliwości
narodowych
z nami.

2009

Wileński hipopotam

Jesień –
wielki bezlistny ptak
na moje miasto opadł.
Bezlistny jastrząb,
bezlistny szpak,
bezlistny hipopotam.

Targa i trzęsie,
gniecie i rwie,
obrywa krzakom rzęsy.
Czeka, aż wreszcie przyznam się
do mej jesiennej klęski.

Jastrzębia szara toczy pleśń,
szpak gwiżdże lekko – co tam!
Patrz, jak nad Wilnem szybuje gdzieś
bezmyślny hipopotam.

2009

Jak być Polakiem

Być Polakiem,
tak jak się oddycha.
Tak jak las jest lasem
i sam nie wie o tym.
Robić wszystko jak Polak,
tylko nieświadomie.
Śnić po polsku bez zdziwienia,
że się po polsku śniło.
Przyklękać i zdejmować czapkę
w odpowiednim miejscu,
tak automatycznie.

Dobrze jest być Polakiem.
Dobrze jest oddychać.

2010

Nie bierz nas Boże poważnie

To Twoja przecież ręka nad nami.
Nie chmura.
To tylko głos Twój słychać,
nie grzmot.
Swoje łaski zlewasz na nas obficie.
A my, głupi, uciekamy przed deszczem.

Café Mokka przy Clemens Hospital, 2.9.2009

Nie otwieraj nade mną nieba

Nie otwieraj nade mną nieba
czarnego,
kiedy zasypiam.
Czarne niebo pełne jest pytań
nie odpowiedzianych i groźnych.
Wtedy zdejmuje mnie lęk
i zdejmuje wszystko,
do ostatka.

Daj mi lepiej spadochron
z miękkiej białej kołdry
i misia do ręki.
Niech on lepiej odpowie
na pytania.

2011

Wspomnienie z Podgórnej

Dzieci ze starej fotografii -
szare wileńskie gołębie:
Sasza, Alunia, Nijole
i mały Witalik w niemodnym wózeczku.
Kocie łby Podgórnej za wysokim murem,
ale tam nie wolno, tam już groźny świat.
Tu - podarte sandałki, brudny piasek
i marzenie o kruchym waflu
(fabryczka wafli była na parterze).
Marzeń o lodach jeszcze wtedy nie było.

A zdjęcie im zrobił pan doktor, ten młody,
z drugiego piętra. On jeden miał aparat.

Pan doktor już nie żyje.
Gołębie mają wnuki.

2011

Ostatnie zmiany

Ostatnie zmiany noszę ze sobą
na dysku,
na styku,
na twarzy,
w głowie.
Najbardziej obawiam się chaosu w zapisach.
Zapisuję coraz rzadziej.
Coraz częściej zapisuje czas.

2011

Domek z dłoni

Zbuduję mały domek
ze splecionych dłoni
dla dusz umarłych poetów.
Przykryję czołem,
żeby nie uciekły przedwcześnie,
jak to mają w zwyczaju.
Ile dusz może zmieścić się w dłoniach?
Wolą być tam samotnie?
Czy też wszystkie razem?
Pokłócą się jeszcze, pobiją,
zapłaczą po pijacku.
A może się ucieszą, że ciepło
i że palce pachną jeszcze oddechem
świeżo napisanego wiersza.

2011

Instrukcja do poety

Dobrze jest mieć poetę,
który nadaje się do użytku.
Z datą produkcji,
bez wyraźnej daty spożycia.
To nic, że poeta ma zmarszczki
i czasem sika krwią.
Z poetą pod ręką
można czuć się bezpiecznie.
Zawsze to ktoś bardziej naiwny
od nas.

2011

Wiersze nie z tej ziemi

Wiersze nie z tej ziemi
wiersze nie z tej gleby
z innej gliny
po prostu z gliny
chropawe
nie gładkie
nie słodkie
nie przesłodzone
nie przełożone
nie przekładające się
tłukące się
po prostu z gliny

2012

Nowe słowo

Przyglądam się obcemu słowu.
Ładne.
Przypomina grypę i żebro.
Pobrzękuje z cicha.
Póki co nie pachnie.
Próbuję zapamiętać,
usadowić wśród innych,
znanych mi od dawna.
Używać.
Aż nabierze mojego zapachu
i mojego sensu.

2012

Lilie tygrysie

My lilie
tygrysie
z babcinego ogródka
my kobiety
z podwiniętymi płatkami
rękawów
prężne
wybujałe
ociekające
ostatnią rudą krwią
zachodzącego słońca

coraz mniej tygrysa
coraz więcej babcinego ogródka

2012

Twarz w spadku

Twarz dostałam w spadku
po pewnej młodej kobiecie.

Przyglądam się jej uważnie.
No cóż.
Darowanemu koniowi.

Wygładzam palcami jak mogę.
Nie mogę.

Słowo starość stało się moim ciałem.
Siedzi jak natrętny gość,
przegląda gazety,
nie wychodzi.
Nie wychodzi.
Nie wychodzi.
Na dobre.

2013

Dojrzałość

Przysiądź się.
Odwal z grobu kamień.
Ja milczę swoje milczenie,
ty – swoje.
Pozwólmy sobie.

Cisza i kamień
Wydadzą się lekkie jak uśmiech.

2013

Zielone Świątki

Kim jesteś,
Duchu Święty,
pytał się po niemiecku
pater Marek Bednarski
podczas kazania w osiedlowym kościółku
w westfalskim Monastyrze.

Już wiem,
myślałam w odpowiedzi po polsku.
Jesteś dla mnie kościołem
św. Ducha
w Wilnie.

2012

Sen o mieście

Nie przywiązuj siebie do miasta.
Nie udźwigniesz ciężaru ulic.

E, nieprawda.
Moje miasto jest lekkie jak sen,
wędruje za mną posłusznie
od świtu do zmierzchu.

Nie przywiązuj wagi do snów,
waga stoi na rynku każdego miasta,
w którym kiedykolwiek zamieszkasz.
Obywatele ważą nie sny, a dobrobyt.
Nie przywiązane sny unoszą się jak baloniki
w tamtejsze bezchmurne niebo.

Kiedyś wszystko powróci:
miasto, sny, baloniki.
Moje miasto to sen,
z którego się już nie obudzę.

2013

Wychodzę z założenia

Wychodzę z założenia,
prosto przed siebie,
nie oglądając się na boki,
bez wielkiego namysłu.
Wychodzę coraz częściej,
z zamkniętymi oczami.

I tak już dalej wiem.

Wracam do siebie
mocno speszona:
zaraz za progiem gołoledź.

2013

Moja modlitwa podskakuje

Moja modlitwa podskakuje
najwyżej o centymetr.
Modlitwy świętych są
jak wieloczłonowe rakiety:
wyżej dalej prędzej.

Moja modlitwa jest przyziemna,
ostrożna i nosi okulary.
Chodzi z kurami spać
i zaraz zasypia jak kamień.
Czasami prosi świętych:
„Weźcie mnie ze sobą..."

Święci ani mrugną
malowanym okiem.
Rozdają drewniane bułki
skamieniałym żebrakom.

2013

Na dnie grudnia

Na samym dnie
grudnia
nie śpiewają ptaki.
Kobiety milkną,
mężczyźni poskrzypują
jak sosny na mrozie.
I tylko dzieci dźwięczą
jak dzwoneczki
u niegdysiejszych sanek.

13.12.2013

Oddaliła się śmierć od życia

Oddaliła się śmierć od życia,
ale tylko na niby.
Czasem zapuka w okno,
wsadzi długi nos w nasze sprawy.

Czasem tylko sapie z rozkoszy,
wietrząc świeżą krew
z palca.

2014

Czasy

Chciałabyś
żeby czasy starzały się z tobą.
Stare dobre czasy,
wzdychasz.
A one pozostają
młode i nieobliczalne.

2014

Spis treści

Przyzwyczajać się do odlotu 5
Piosenka o nocnej podróży 6
Do Wilna 7
Umieram z tego 8
Bóg wchodzi do swego domu 10
Macierzyństwo 11
Krótko 12
Odkąd jestem matką 13
Nie potrafię wyrzucić ubrania 14
Wszystkich Świętych 15
Anonimowość 16
Wśród rzeczy niewielu mam przyjaciół 17
Ślady 18
A gdyby tak 19
Zadawanie pytań 20
Romowa z mamą Kevinka 21
Coraz bardziej boję się śmierci 22
Zakręcenie 23
Na śmierć fotela 24
Kiedy kupię sobie samochód 25
Nowa definicja ojczyzny 26
Jestem olbrzymim pająkiem 27
Przed zaśnięciem 28
Martwe wiersze 29
Wyglądam na taką co wie 30
Westchnienie do Matki Boskiej, kobiety 31
Wiersz o kobiecości 32
Wiersz do praprababki 33
Dziecko z głębi wieków 34

Produkt	35
Macierz	36
Polacy na Wschodzie	37
Wileński hipopotam	38
Jak być Polakiem	39
Nie bierz nas Boże poważnie	40
Nie otwieraj nade mną nieba	41
Wspomnienie z Podgórnej	42
Ostatnie zmiany	43
Domek z dłoni	44
Instrukcja do poety	45
Wiersze nie z tej ziemi	46
Nowe słowo	47
Lilie tygrysie	48
Twarz w spadku	49
Dojrzałość	50
Zielone Świątki	51
Sen o mieście	52
Wychodzę z założenia	53
Moja modlitwa podskakuje	54
Na dnie grudnia	55
Oddaliła się śmierć od życia	56
Czasy	57

O Autorce

Alicja Rybałko (1960) urodziła się w Wilnie. Po studiach przyrodniczych na Uniwersytecie Wileńskim pracowała przez wiele lat jako genetyk, zdobywając tytuł doktora nauk biomedycznych. Równolegle z pracą w wyuczonym zawodzie pisała wiersze, reportaże, eseje, teksty do piosenek Kapeli Wileńskiej, zajmowała się tłumaczeniami z litewskiego i szwedzkiego. W 1999 roku wyjechała na stałe do Niemiec i mieszka obecnie w Münster czyli w westfalskim Monastyrze.

Dotychczas ukazały się następujące zbiory wierszy:

„Wilno ojczyzno moja", Warszawa, 1990.

„Opuszczam ten czas", Warszawa, 1991.

„Będę musiała być prześliczna", Warszawa, 1992.

„Moim wierszem niech będzie milczenie", Kraków, 1995, 1996.

„Eilėraščiai. Wiersze", wydanie dwujęzyczne w tłum. V. Braziūnasa, Wilno, 2003.

Strona internetowa: www.alicja-rybalko.de